# BEI GRIN MACHT SICH IHR WISSEN BEZAHLT

Monika Draws-Volk

# Sprache und Dialekte

GRIN Verlag

**Bibliografische Information der Deutschen Nationalbibliothek:**

Die Deutsche Bibliothek verzeichnet diese Publikation in der Deutschen National-
bibliografie; detaillierte bibliografische Daten sind im Internet über http://dnb.d-
nb.de/ abrufbar.

**Impressum:**

Copyright © 2002 GRIN Verlag GmbH
Druck und Bindung: Books on Demand GmbH, Norderstedt Germany
ISBN: 978-3-638-92156-5

**Dieses Buch bei GRIN:**

http://www.grin.com/de/e-book/32308/sprache-und-dialekte

**GRIN - Your knowledge has value**

Der GRIN Verlag publiziert seit 1998 wissenschaftliche Arbeiten von Studenten, Hochschullehrern und anderen Akademikern als eBook und gedrucktes Buch. Die Verlagswebsite www.grin.com ist die ideale Plattform zur Veröffentlichung von Hausarbeiten, Abschlussarbeiten, wissenschaftlichen Aufsätzen, Dissertationen und Fachbüchern.

**Besuchen Sie uns im Internet:**

http://www.grin.com/

http://www.facebook.com/grincom

http://www.twitter.com/grin_com

# 0. Einleitung

Die Geschichte der deutschen Sprache beginnt mit dem Einsetzen schriftlicher Überlieferungen in deutscher Sprache im 8. Jahrhundert. Wobei die deutschen Mundarten des 7. und frühen 8. Jahrhundert ausschließlich gesprochene Sprachen waren. Erste volkssprachliche Texte, die niedergeschrieben wurden, waren ganz auf die Bedürfnisse der Mission und der religiösen Unterweisung ausgerichtet.

Im christlichen Reich Karls des Großen vollzog sich der sprachsoziologische und sprachliche Übergang von Germanisch zu Deutsch. Karl der Große bestimmte im Rahmen seiner Kulturpolitik 789 in der Admonitio generalis, dass die im Mittelpunkt der Glaubenslehre stehenden Texte des Glaubensbekenntnisses und des Vater- unsers dem Volk von Priestern vorzutragen und zu erklären seien. Die in der Admonitio generalis verlangte Erklärung der Texte liefert die bairische Pater- noster- Auslegung. Es wird jeweils ein Satz des Vater- unsers auf lateinisch zitiert, dann übersetzt und schließlich erklärt. Die Erklärung folgt dabei der Auslegung in dem Sacramentarium Gelasianum, einer Sammlung von Messtexten, die auf den römischen Papst Gelasius (5.Jh.) zurückgeführt wird. Noch enger mit der Volkssprache verbunden sind zwei weitere Textsorten: Die eine Textsorte betrifft unmittelbar die Mission, das sind die Taufgelöbnisse, bei denen an die Sprache der Neu-Missionierten angeknüpft werden musste. Die anderen Textsorte betrifft die Pflege des Glaubens in der Beichte und Buße. Die älteste überlieferte Beichtformel ist bairisch.

Die Herausbildung unserer deutschen Sprache beginnt nach dem Abschluss der Völkerwanderung mit dem Sesshaftwerden der Stammesverbände und Völkerschaften. Der Zeitraum in dem sich die älteste Stufe des Deutschen herausbildet, wird als althochdeutsch bezeichnet. Die wichtigsten Stammessprachen, aus denen das Deutsche allmählich entstand, waren das Fränkische, das Bairische, das Alemannische und das Sächsische. Das zunächst zufällige räumliche Nebeneinander von Sprechern unterschiedlicher Dialekte führte durch sprachlichen Austausch und Ausgleich, durch in wesentlichen Erscheinungen übereinstimmenden Entwicklungstendenzen, durch kulturelle, wirtschaftliche und soziale Beziehungen und durch die zumindest formale politische Vereinigung zu Ansätzen, gegen Ende dieses Zeitraumes auch zum sprachlichen Ausdruck der Erkenntnis der Zusammengehörigkeit als Deutsche.

# 1.Hier wird Deutsch gesprochen

## 1.1 Was bedeutet Deutsch?

Es stellt sich die Frage: *„Was bedeutet Deutsch?"* Viele Politiker, Wissenschaftler und Künstler haben versucht, das deutsche Wesen, die deutsche Seele, den deutschen Menschen, mit einem Wort das Deutsche zu ergründen.

Um die Bedeutung von Wörtern zu beschreiben schaut man am besten auf deren Gebrauch. Im Ausdruck „Hier wird Deutsch gesprochen" bezieht sich *Deutsch* auf eine Sprache. In der Wendung deutsche Frauen, deutscher Wein und deutscher Sang auf ein Volk. Deutsche Lande bezeichnet ein geographisches Gebiet, deutsche Philosophie und deutsche Musik sind Ausprägungen einer Kultur.

Der Worttyp Deutsch enthält also fünf Bedeutungsgeschichten; sie beziehen sich auf die Sprache, das Volk, das Land, die Kultur und den Staat. Geschichtlich gesehen haben sich die fünf Bedeutungen von *Deutsch* nacheinander ausgeprägt. Die älteste Bedeutungsgeschichte ist die sprachliche. In der latinisierten Form *theodiscus* ist *Deutsch* als Sprachname seit 786 bezeugt, als der päpstliche Nuntius Georg von Ostia dem Papst Hadrian I. über zwei Synoden, die in England stattfanden, berichtete. Dabei wurden die Beschlüsse sowohl lateinisch als auch Volkssprachlich (latine und theodisce) verlesen, damit alle sie verstehen konnten. Das lateinische theodiscus ist ein Wort der Gelehrtensprache, es ersetzt das Wort gentilis, das im 8. Jahrhundert auch noch 'heidnisch' bedeutete, in Kontexten, in denen diese Bedeutung störte. Es beruht auf dem germanischen Wort ?þeudo 'Volk' und dem Adjektivsuffix –iska (nhd. –isch).[1]

Die althochdeutsche Form *diutisk* ist etwa seit dem Jahre 100 belegt, wörtlich bedeutet *diutisk* „dem Volke eigen", es bezeichnet die Volkssprache der Germanen im Gegensatz zur Sprache der Kirche und Gelehrten, dem Latein. In Vornamen wie Dietrich und Dietmar ist der Bestandteil *diet* „Volk" heute noch erhalten.

Als Länder- und Volksname wird *Deutsch* seit Ende des 11. Jahrhunderts verwendet. Wendungen wie *diutischi liute* „deutsche Leute" und *diutsche lant* „deutsche Lande"

---

[1] Dtv-Atlas, Deutsche Sprache, 1994, S.59

kommen im althochdeutschen Anolied mehrfach vor. Die Einzahl *Deutschland* ist erst seit dem 15. Jahrhundert geläufig. Bis weit in das 18. Jahrhundert war *Deutsch* hauptsächlich ein Sprach-, Volks- und Ländername. In der Goethezeit, mit der Entfaltung der klassischen deutschen Literatur und Philosophie, wurde *Deutsch* zum Kulturbegriff. Die Deutschen bildeten keinen Staat, aber eine Kultur, sie wæren keine Staatsnation, aber eine Kulturnation. Der politische Deutschlandbegriff kam erst mit der Reichsgründung von 1871 zur Geltung. Seit der Reichsgründung ist der Worttyp *Deutsch* zunächst staatsbezogen zu verstehen. Die politische Bedeutung färbte auf die anderen Bedeutungsschichten von *Deutsch,* die sprachliche, ethnische, geographische und kulturelle, deutlich ab. Ein Deutscher heißt bis ins19. Jahrhundert jemand, der Deutsch als Muttersprache spricht. In diesem Sinne nannte man auch die Bewohner der Deutschschweiz und Österreich Deutsche. Heute bezeichnet man die Bevölkerung dieser Gebiete nicht als deutsch, sondern deutschsprachig. Das Wort deutschsprachig ist um die Jahrhundertwende entstanden und soll ausdrücken, dass *Deutsch* nicht staatsbezogen, sondern nur sprachlich gemeint ist.

Der Große Duden vermerkt als Bedeutung von *deutsch*: „ die Deutschen, Deutschland betreffend"; das Wort *Deutscher* wird erklärt mit: „Angehöriger des deutschen Volkes, aus Deutschland stammend". Unter *Deutschland* steht lediglich: „Eigenname". Der Vermerk „Eigenname" ist keine Bedeutungsangabe, sondern eine sprachwissenschaftliche Klassifikation.[2]

Der amtliche Name *Deutschland* von 1937 lautete *Deutsches Reich.* Dieses Deutsche Reich war 1945, zum Zeitpunkt seiner totaⅼen Zerstörung, knapp 75 Jahre alt. Es war am 18. Januar 1871, im Spiegelsaal des Schlosses von Versailles, mit der Proklamation des Preußischen Königs zum Deutschen Kaiser gegründet worden. Voran gingen die Einigungskriege, der deutsch-dänische Krieg 1864, der deutsche Krieg oder auch preußisch-österreichische Krieg 1870/71, der zum Zeitpunkt der Kaiserproklamation militärisch entschieden war. In diesen Kriegen hat Preußen unter Bismarcks Führung einen deutschen Nationenstaat geschaffen, der einerseits Österreich ausschloss, andererseits die süddeutschen Staaten Bayern, Württemberg und Baden, die 1866 noch gegen Preußen gekämpft hatten, einbezogen.

---

[2] Duden: Das Wörterbuch der deutschen Sprache, Bd.2, München 1976, S. 520 f.

Die Bezeichnung des neuen Staates als *Reich* stellte einen historischen Rückgriff auf die Tradition des 1806 aufgelösten Heiligen Römischen Reiches dar. Das Wort *Reich* bedeutet ursprünglich „Herrschaft". Der nationalstaatliche Kaiser erhob keinen religiös begründeten Herrschaftsanspruch, damit war es nur ein deutsches Reich.

## 1.2 Der Weg zur Standardsprache

Zu Anfang des 17. Jahrhunderts begannen sich in den barocken Sprachgesellschaften zum ersten Mal breitere Kreise für ihre Muttersprache zu interessieren. Diese Gesellschaften zielten einerseits auf die Abgrenzung des Deutschen gegenüber anderen Sprachen, z.B. gegen den Fremdwörtergebrauch in der deutschen Sprache, andererseits auf die Durchsetzung einer bestimmten Sprachform als absolute Richtigkeitsnorm gegenüber der Vielfalt von Varianten, Dialekte, Soziolekte usw.. Der bedeutendste Sprachhistoriker dieser Zeit ist J. G. Schottelius (1612-1676), der mit seiner *Ausführlichen Arbeit von der Teuschen Hauptsprache* (1663) wichtige Impulse gab.

Das 18. Jahrhundert knüpfte an die Bestrebungen der Sprachgesellschaften an. Autoren wie J. Ch. Gottsched (1700-1766), der als 'Literaturpapst' großes Ansehen genoss, versuchten die Sprache zu normieren und einer rationalen Regeln zu unterwerfen. Das zeigte sich vor allem auf dem Gebiet der Syntax. Die verschachtelten barocken Satzungetüme werden von kurzen, nüchternen, praktischen Fügungen mit klaren logischen Bezugsverhältnissen abgelöst. Im Bereich des Wortschatzes gingen die Rechtschreibungen dahin mehrdeutige Wörter durch Definitionen eindeutig zu machen und bei gleichklingende Wörter mit verschiedener Bedeutung eine gleiche Schreibung zu vermeiden (z.B. Lerche/Lärche).

In der Rechtschreibung gab es in der ersten Hälfte des 19. Jahrhunderts weiterhin erhebliche Varianzen. Druckereien hatten oft eigene Hausorthographien, noch 1862 verfügte das preußische Unterrichtsministerium, dass jede einzelne Schule durch einen Konferenzbeschluss festzulegen hat, welche Schreibnormen im Unterricht gelten sollten. Die völlige Schreibnormierung wurde erst gegen Ende des 19. Jahrhunderts von staatlicher Seite vorgenommen. Fünf Jahre nach der Reichsgründung von 1871 berief der preußische Kultusminister eine *Conferenz zur Herstellung größerer Einigung in der deutschen Rechtschreibung* nach Berlin. Die führenden Köpfe dieser Konferenz waren der Germanist W. Wilmanns und der Gymnasiallehrer K. Duden. Beide hatten sich durch Arbeiten auf dem Gebiet der Orthographieregelung einen Namen gemacht und sie hatten vor allem Vorschläge zur Rechtschreibung an Schulen vorgelegt. Ihre Vorschläge setzten sich schnell durch und wurden durch einen staatlichen Erlass institutionalisiert. 1901 wurde dann auf der *Orthographischen Conferenz der deutschen Länder*, zu der auch Österreich und die Schweiz hinzutraten, die einheitliche Rechtschreibung für den gesamten deutschen Sprachraum gültig. Am Ende des 19. Jahrhunderts trat neben die normierte Schreibung die normieret Lautung. Auf der Grundlage der neuen Orthographie erarbeitete der Germanist Th. Siebs 1898 seine *Deutsche Bühnensprache*, die später, in modifizierter Form, auch für die Medien Radio und Fernsehen gültig wurde. Diese Massenmedien trugen entscheidend zum Rückgang der Dialekte bei.

Seit 1945, dem Ende des 2. Weltkrieges und der Einbürgerung der ca.zwölf Millionen Heimatvertriebenen und Flüchtlinge aus den vorwiegend deutschsprachigen Gebieten Ost- und Ostmitteleuropas, veränderte sich das jahrhundertealte Gefüge der deutschen Dialekte. Mundartengebiete wie Pommern, Schlesien und Ostpreußen verschwanden von der Sprachenlandkarte und die Neuansiedlungen von Sprechern dieser Dialekte in andere Dialektgebiete beeinträchtigten auch deren Geschlossenheit. Die verstärkte Tendenz zur Gemeinsprache und damit das allmähliche Zurückdrängen der Mundarten entsprach der Notwendigkeit sozialer Anpassung. Die kleinen örtlichen und landschaftlichen Sprachgemeinschaften der älteren Zeit weiteten sich mehr und mehr zur gesamtdeutschen Sprachgemeinschaft aus. Die Folge war einen Annäherung der Mundarten an die Schriftsprache.


## 2. Dialekte versus Hochsprache

### 2.1 Dialekte & Mundarten


In der deutschsprachigen Überlieferung sind *Dialekte* und *Mundart* bereits in vorwissenschaftlicher Zeit seit dem 17. Jahrhundert bezeugt.[3] Das Wort Dialekt ist als Lehnwort die eingedeutschte Entsprechung zu lateinisch dialctos, die wiederum auf

---

[3] Belege und Wortgeschichte bei J. Grimm 1976, S. 852, J. Grimm 1885, S.2,6,683 f

griechisch dialektos ( Unterhaltung, landschaftliche Sprache) zurückgeht und seit der Antike über das gesamte Mittelalter hin ein geläufiger Ausdruck für Sprache und Teilsprache war.

Dialekt wird auch als Sprachvarietät beschrieben, der Entwicklung, Verbreitung und Verschwinden an bestimmte Siedlungsräume sozial und historisch gebunden sind. Im Unterschied zur Standardsprache werden Dialekte gewöhnlich nur mündlich gebraucht und sind unzureichend normiert.

Die ersten deutschsprachigen Belege für Dialekte ab 1634 beziehen sich zunächst auf griechische und römische Dialekte. Ab 1704 ist von schlesischen und preußischen Dialekt die Rede, wobei Dialekt neben einer landschaftlichen Teilsprache immer auch sprachliche Ausdrucksweise oder Äußerungen sprachlicher und nichtsprachlicher Art meint.[4] Insbesondere die Dialektsprecher Goethe und Schiller haben Dialekte in dieser allgemeinen Form von Äußerung oder Sprache verwendet.

Das Interesse am Dialekt in der germanischen Sprachwissenschaft galt dem genetisch-historischen Aspekt. Die deutsche Sprache hatte sich aus dem westgermanischen Sprachverband ausgegliedert. Die altdeutschen Schreibdialekte waren dann weitere Untergliederungen, Filiationen oder auch historische Abkömmlinge der deutschen Sprache. Hierbei wird die historische Abfolge und die hierarchisch-systematische Über- oder Unterordnung bewusst nicht unterschieden. Dialekt ist somit ein Begriff einer historisch-systematischen Gliederung einer Sprache oder einer Sprachfamilie. Wobei Vorgänger-Dialekte (Antezedenten) und Nachfolger-Dialekte (Deszendenten) als neue Ausfächerung einer Hauptsprache bezeichnet.

Das Wort *Platt* ist gegenüber Dialekt und Mundart als Bezeichnung für landschaftliches Sprechen sehr jung. Ursprünglich war *plattdeutsch* eine geographische Bezeichnung für das norddeutsche Flachland und durch inhaltliche Kontamination mit platt = seicht, flach und oberflächlich auf die Sprechweise der Leute vom Land übertragen. Dann für landschaftlich Abweichendes, in der Regel minderes Sprechen im abwertenden (pejorativen) Sinn gebraucht. Das *Platt* als Dialekt ist erst seit 1876 belegt.

Das in Ostfriesland gesprochen Plattdeutsch ähnelt dem Plattdeutsch in den nördlichen Teilen Niedersachsens und wird trotz mancher Unterschiede weitgehend von jedem Niedersachsen verstanden. Wobei die alte friesische Sprache, die mit der Sprache

---

[4] J. Grimm 1976, S. 852

der germanischen Besiedler Britanniens viel Verwandtes zeigt und im Kreis der westgermanischen Sprachen eine besondere Stellung einnimmt ist so gut wie ausgestorben und hat mit dem heute in Ostfriesland gesprochenen Plattdeutsch fast gar nichts mehr zu tun.

In der plattdeutschen Rechtschreibung herrscht bis heute noch ein großes Wirrwarr. Man könnte meinen, genau wie im Hochdeutschen müsse es auch im Plattdeutschen feste Regeln geben um richtig schreiben zu können. Das ist aber nicht so, denn jeder kann schreiben wie er will. Es wurden zwar Versuche unternommen für die plattdeutsche Sprache zu einer einheitlichen Rechtschreibung zu kommen, sie haben sich aber wegen der individuellen Kraft und Eigenständigkeit der Mundarten bisher nicht durchsetzen können. Im Ostfriesischen haben wir verschiedene Mundartlandschaften in denen besonders im gebrauch der Zwielaute und hinsichtlich der Klangfärbung der Vokale große Unterschiede bestehen. So werden die Umlaute ä, ö, ü nicht verdoppelt: *Klör* (Farbe), *Mür* (Mauer). Zu ihnen tritt ein Dehnungs-h, wenn die entsprechenden hochdeutschen Wörter es auch haben: *nährig* (nahrhaft), *Möhlen* (Mühle). Das lang gesprochenen i wird in offener Silbe ie geschrieben, wenn es einem ei im hochdeutschen Wort entspricht: *lieden* (leiden), *strieden* (streiten). In offener Silbe wird der Selbstlaut im allgemeinen verdoppelt: *lopen* (laufen), *lever* (lieber), *Ogen* (Augen). In geschlossenen Silben wird der Selbstlaut, wenn er lang gesprochen wird, verdoppelt: *Maan* (Mond), *slaan* (schlagen), *Benn* (Bein), *Buur* (Bauer). Das Dehnungs-h steht bei den plattdeutschen Wörtern, deren hochdeutsche Formen es enthalten: *Stohl* (Stuhl), *sük geböhren* (sich zutragen), *gahn* (gehen). Die Kürze des Selbstlauts wird durch Verdopplung des nachfolgenden Mitlauts bezeichnet, wenn nicht noch andere Mitlaute folgen: *Kopp* (Kopf), *Pott* (Topf), *Loff* (Lob), *ik segg, ik hebb* (ich sage, ich habe).[5]

## 2.2 Die Einheit der Hochsprache

Im Jahre 2002 gehen die meisten Menschen davon aus, dass zwischen Lübeck und München die Wörter unserer deutschen Sprache gleichermaßen gebraucht und auch verstanden werden und dass es für jede Sache nur ein Wort gibt, z. B. für Brötchen,

---

[5] Hochdeutsch-plattdeutsches Wörterbuch, Hrsg.: Otto Buurman, Band 1, 1962, S. 27

Haus, Lampe, Stuhl, Einkommensteuererklärung, Schule, Metzger, Brathähnchen, Stadt, Frisör und vieles mehr. Wenn wir genauer hinhören, hören wir durchaus Unterschiede und auch einiges Unverständliches. Da hört man doch genauer hin, wenn jeweils Rundstücke, Wecken, oder Semmeln eingeholt, besorgt oder gekauft werden. Auf einer Reise durch Deutschland kann man erleben, dass jemand beim Metzger ein Hendl und eine Semmel kauft. Wir wissen, dass die hochdeutschen Bezeichnungen wie Brathähnchen und Brötchen in Bayern kaum verwendet werden und dass es auch im Schwäbisch-Alemannischen oder Hessischen (Giggel) anders heißt, bis hin zum Broiler im Gebiet der ehemaligen DDR, also im Gebiet des Ostniederdeutschen, dazu gehören Mecklenburg-Vorpommern, Berlin-Brandenburg und des Ostmitteldeutschen, Sachsen und Thüringen. Die DDR Bezeichnung ist allerdings auf dem Rückzug vor den hochdeutschen Wörtern, da die Dialektlandschaften Ostdeutschlands seit der Wiedervereinigung erstarken.[6]

## 2.3 Der Einfluss regionalsprachlicher Dialekte auf die Hochsprache

Neben den vielen Sondersprachen, die die Hochsprache begleiten, z.B. Fach-, Jugend- und sonstige Sprachen, gibt es Sprachformen die regional gebunden sind und sogar die Hochsprache beeinflussen. Da die Hochsprache nicht alle notwendigen Bezeichnungsmöglichkeiten erfüllt, so dass sie sich regionalsprachlicher, dialektaler Wörter bedienen muss um Dinge richtig bezeichnen zu können. Die Dialekte sind kein minderwertiger Teil der Hochsprache, sie ist aus den Dialekten hervorgegangen und die Dialekte haben mehr oder weniger zu ihrer Herausbildung beigetragen.

Die Vereinheitlichung und damit die Entfernung von Dialekten wurde im Laufe der Zeit weit voran getrieben, blieb dann aber bei einer Gruppe von Wörtern stehen, die im Vergleich zum gesamten Wortschatz sicherlich klein ist, aber aufgrund der Bezeichnungsbereiche aus häufig verwendeten Wörtern besteht. Am deutlichsten wird dies wenn wir den bairischen Dialekt betrachten. Regionales Selbstbewusstsein und sprachliche Eigenständigkeit gehen hier mit einem Bewusstsein der Zusammengehörigkeit einher. Das *mir san mir* bringt das unmissverständlich zum

---

[6] Anmerkung: Die Ostdeutschen Dialektlandschaften erstarken, da durch die Neueingliederung Ostdeutscher Bürger im Westen und Westdeutsche Bürger im Osten die Geschlossenheit der Dialektgebiete beeinträchtig wird.

Ausdruck. Die Schreibung von „bairisch" erinnert daran, dass das Siedlungsgebiet des ehemaligen Stammesherzogtums vor allem im 8. und 9. Jahrhundert größer war als das Gebiet des Freistaats Bayern. Die Sprache, die in Bayern gesprochen wird, ist auch die Sprache großer Teile Österreichs und Südtirols. Außerdem weist die Schreibweise „*bairisch*" darauf hin, dass der Freistaat auch andere Dialekte in seinem Staatterritorium hat: im Norden das Fränkische und im Westen das Schwäbische.

Wie im Bairischen kommt der Name dieses Dialekts „*das Schwäbische*" von einem allerdings jüngeren Herzogtum Schwaben, während sich von dem älteren Stammesherzogtum „*der Alemannen*" der sprachwissenschaftliche Name für das gesamte Dialektgebiet ableitet, das sich zusätzlich zu Schwaben auch über Baden, Elsaß, Deutschschweiz und Vorarlberg erstreckt. Auch in der Sprache findet der Zusammenschluss der ehemaligen Länder, Großherzogtum Baden und Königreich Württemberg zu Bundesland Baden-Württemberg, seine Grundlage.

Die Sprachmelodie ist eines der deutlichsten Anzeichen für einen Dialekt. Sie ist aber auch das am Dialekt, was am schwierigsten zu erfassen und darzustellen ist. Neben dem –le als sehr häufige Verkleinerungsform im Schwäbischen klingt das –sch für –s in den Wörtern mit –st für andere Ohren sehr schwäbisch: *ischt, fescht, Durscht, Moscht, Kommunischt.*

Das „*Schwäbisch-Alemannische*" Dialektgebiet liegt südlich einer Linie, die ungefähr von Zabern im Westen über Karlsruhe, Heilbronn bis Crailsheim im Osten verläuft und westlich einer Linie, die von Crailsheim über Augsburg, Landsberg bis Kempten reicht, also dem Flusslauf des Lech folgt. Östlich von diesem Dialektgebiet beginnt *das Bairische*, nördlich *das Fränkische* und nordwestlich *das Pfälzische*. Im Westen hört das *Schwäbisch-Alemannische* zwar nicht auf, Elsaß, Deutschschweiz und Vorarlberg, aber das deutsche Staatsgebiet.

Die deutlichste Unterscheidung zum Pfälzischen ist die Aussprache der Wörter mit -pf: im Schwäbisch-Alemannischen spricht man Pfund, Apfel, Pfarrer, Pfeife, im Pfälzischen hingegen Palz, Pund, Abbel, Parrer, Peip. Außerdem hat das Schwäbisch-Alemannische im Westen Iis, Ziit, Huus und Muus für Eis, Zeit, Haus und Maus. Auch das –le wie im Schwäbischen gehört dazu: nördlich heißt es –che, statt bißle bißche. In dem nordöstlich anschließenden Fränkischen kommt noch eines der auffälligsten Kennzeichen das Schwäbisch-Alemannischen hinzu: scht, schp wird hier auch im Inlaut gesprochen, ischt, fescht, Reschpekt. Hinsichtlich des Wortschatzes hat das Schwäbisch-Alemannische eine ganze Reihe von Wörtern die nur in diesem Raum gelten. Die bekanntesten sind: Batenke für Schlüsselblume, Bibeleskäse für Quark, Finken für Hausschuhe, Herdapfel für Kartoffel, Kauter für Tauber, Schnauzfleck für Taschentuch, Vesper für Abendmahlzeit und wunderfitzig für neugierig. Zwischen dem schwäbischen (württembergischen) und dem badischen Teil des Alemannischen, ohne Elsaß; Deutschschweiz und Vorarlberg, bestehen große Unterschiede die aufgrund der Verwandtschaft deutlich herausgestellt werden müssen: Sind'r scho mol z'Basel gsii? Fragt der Badener einen Berliner. Det ha' ick nich vastandn. Ein Schwabe will helfen: Er moint: gwea. Die Form, für gewesen wird im Badischen mit sein gebildet und im Schwäbischen unter Ausfall des –s mit gewesen..

Für die einzelnen Lauterscheinungen gibt es Grenzlinien, so dass von diesseits und jenseits gesprochen werden kann. Die beeindruckendste dieser Grenzlinien trennt die beiden Sprachformen Niederdeutsch und Hochdeutsch. Nördlich einer Linie von Aachen, Siegen, Kassel, Dessau, Berlin, Frankfurt/Oder sagt man im Dialekt *Pund, Appel;dorp, Tid, Water, Holt, ik, maken*. Südlich davon „*im Hochdeutschen*" sagt man: Pfund/Fund, Appel/Apfel, Dorf, Zeit, Wasser, Holz, ich, machen. Diese Grenzlinie, Benrather Linie auch maken/machen Linie genannt, markiert den Bereich den eine Lautveränderung bestimmt hat, die im frühen Mittelalter zur Trennung des Deutschen in einen südlichen und einen nördlichen Teil geführt hat. In der Sprachwissenschaft wird diese Veränderung die 2. oder hochdeutsche Lautverschiebung genannt.

Nördlich vom Schwäbischen trifft man auf ein Dialektgebiet dessen Name auf das dritte alte Herzogtum verweist, es handelt sich um *das Fränkische*". An die Franken erinnert politisch nur noch der nördliche Regierungsbezirk Bayerns und seine Sprache.

Da das Bairische nicht abrupt an der Nordgrenze der Oberpfalz aufhört, stellt sich die Frage: „Spricht man am Sitz der Bezirksregierung Frankens bairisch"? Das lässt sich allerdings nicht lokalpatriotisch beantworten, denn Kulturell-politisch ist Nürnberg die fränkische Stadt, sprachlich jedoch hat Nürnberg mit Brouda (Bruder) einerseits nordbairische Lautungen, andererseits aber fränkische mit *Saafm, Huuf, uufm, Fiigl* (Seife, Hof, Ofen, Vogel). Immerhin ist *das Fränkische* von vier Dialektgebieten umgeben und besitzen dementsprechend viele Übergangsgebiete: zum Bairischen, Schwäbisch-Alemannischen, hessischen und Thüringischen. Charakteristisch für die fränkische Aussprache ist etwas was man schriftlich nicht darstellen kann: die unbehauchte Aussprache von p, t, k (etwa wie b, d, g, aber nicht stimmhaft) und die auffälligen Rundungen, ü für i, ö für ü in *üme, Wöfl* (immer, Würfel).

Inwieweit „*die Hessen*" etwas mit den Chatten zu tun haben ist strittig, insgesamt aber auch von geringem Wert, weil die politische Entwicklung dieses lange geteilten Gebietes erst nach dem 2. Weltkrieg zu einem Zusammenschluss führte und sprachlich vor allem der südhessische Raum mit Frankfurt und Darmstadt prägend wirkte. Das Beharrungsvermögen des Hessischen zeigt sich in der Tradition des Namens über Jahrhunderte hinweg in allen Landesteilen. Auch „*das Hessische*" ist von fünf anderen Dialekten umgeben (Pfälzisch, fränkisch und seinem Ausläufer Südfränkisch, rheinisch, thüringisch und Niederdeutsch) und hat die große ehemalige Reichsstadt Frankfurt auf seinem Gebiet, so dass der Frankfurter Dialekt vielfach als *das Hessische* angesehen wird. Historisch gesehen kam es erst nach dem 2. Weltkrieg zur Bildung des vereinigten Hessen und die dialektale Ausbildung ist von großen Unterschieden geprägt.

Nach Norden, nördlich der Eder und nördlich von Kassel verläuft die Sprachgrenze (2. Lautverschiebung) die –k und –ch, -t und –s trennt: hessisch machen, ich was, Wasser, damit hat das Bundesland ganz im norden zwischen Korbach und Hofgeismar eine niederdeutsches Sprachgebiet. Das niederdeutsche Sprachgebiet trennt das Hessische vom Rheinischen, im Rheinischen gilt dat und wat und nach Südwesten zum Pfälzischen hin die schon bekannte fest/fescht Linie. Nördlich einer Linie Lahnmündung, Weinheim bis Aschaffenburg sagt man fest. Nach Osten hin sind die Unterscheidungsmerkmale die Grenze von –p, -p zu –f, -pf, *Pund Appel/Fund, Apfel* und die Veränderung des –d in ein –r. Im Hessischen sagt man, im Gegensatz zum Thüringischen und Fränkischen, *Abbel oder Appel, Pund und Braure* (Apfel; Pfund und Bruder) usw.

Durch die schon genannten historischen Raumbildungskräfte ist das Hessische stark unterteil. In Nordhessen bildet der Raum um Kassel bis Frankenberg und Alsfeld den niederhessischen Dialektteil. Im Süden, mit Frankfurt, Wiesbaden, Offenbach über Darmstadt bis Heppenheim und Erbach folgt das Südhessische. Das Mittelhessische im Raum Büdingen, Friedberg, Weilburg, Dillenburg, Marburg nimmt eine eigenständige Position ein. Deutlich wird das im Bereich der Vokale. Nieder- und südhessisch: *leebe/liibe guude Breere/Briire* (liebe gute Brüder). Mittelhessisch *leiwe goure Broirer*.

Wortbildung und Wortschatz haben ihre Besonderheiten: *Äuler* (Topf), *bissi* (bisschen, mit der Verkleinerungsform –i), *Docke* (Mutterschwein), *Molbert* (Maulwurf), Bach feminin selten maskulin: „*Wäi durch die Bach gezojé*". ( wie durch den Bach gezogen).

Seit Beginn der 70er Jahre kam es in der hessischen Region zu einer veränderten Einstellung zu den Dialekten. Die Zahl der Personen, die in den Mundarten „verdorbenes Deutsch", „Armeleutesprache" oder „minderwertige Sprachvarianten" sehen, nahm deutlich ab. Das Selbstbewusstsein der Mundartsprecher wuchs, sie fühlten sich nicht mehr sozial herabgesetzt. Ein großer Teil der Bevölkerung hat erkannt, dass gerade die Mundart dem Bedürfnis nach optimaler Verständigung entspricht, besonders in Situationen des menschlichen Nahbereichs, z.B. in der Familie, in Gruppen, im Verein und im Freundeskreis. Mit der Zeit hat man begriffen, dass die Dialekte sowohl die Lebens- und Arbeitswelt der Vergangenheit , als auch der Gegenwart widerspiegelt und dass sie einen Eindruck von der Vielfalt des kulturellen Gemeinschaftsbesitzes in der Region vermittelt.

Eine entscheidende Ursache in der sozialen Aufwertung des Dialekts ist in dem überall feststellbaren Interesse und dem neuen Verständnis für den Begriff „Heimat" zu sehen. Die Menschen suchen Schutz vor den Anonymisierungstendenzen des modernen Lebens und sie versuchen ihre eigenen Identität in der Überschaubarkeit der regionalen Lebenswelt zu erhalten oder wiederzugewinnen. Der Dialekt dient dabei als wichtigstes Identitätssymbol der heimatlichen Gemeinschaft.

„*Der Döppegucker*" von Berta Schütz. Zitiert nach: Buchblätter und Unterhaltungsbeilagen der Fuldaer Zeitung vom 5.8.1928. Eine Anekdote aus dem östlichen Osthessen, in der Hünfelder Mundart.

Nüscht stet em Mann schlömer on, els immer neuschierig zö senn, immer olle de Heimlichkeite der Frau uiszöschnüffle. Doß hat de Martha schu honnert moa für ihrn Mann gösaat. Der Lätzt doß war änner, där immer nät zöfriede war mit däm, boas der Düsch bracht.

Kom är Mittas ols schu om älf Uhr vom Acker, doa wars des äscht eh de Güll uisschert, desse rin in de Kech ronn, der Däckel vom Soppedöpp lüft, öm joa zö sänn, boas de Martha kocht. Roch ämoa Sopp nät groad nooch Fleischbröhe, doa verzog schu de Gösecht on hat kei groß Lil (Eile) Mittas bein Düsch zö genn.

Ein wichtiger Gegenstandsbereich der Dialektologie ist auch die Sammlung und Publikation des mundartlichen Dialektwörterbüchern. In Hessen reichen die ersten Unternehmen bis ins 18. Jahrhundert zurück. 1767 gab Johann Georg Estor aus dem Marburger Land eine Wortsammlung aus Schweinsberg und Umgebung heraus, 1800 schloss sich ein Wörterbuch an, das der Westerwälder Pfarrer Karl Christian Ludwig Schmidt aus einem Teilgebiet seiner Heimat erarbeitet hatte.

Das „*Niederdeutsche*" ist der größte Dialektraum und damit eigentlich eher ein Teilsprachgebiet des Deutschen. Denn die Trennung in West- und Ostniederdeutsch beruht auf einer zeitlich- räumlichen Verschiebung. Im Zuge der Ostsiedlung zogen Landnehmer im 13. Jahrhundert, hauptsächlich aus dem niederdeutschen Westen, in die heutigen Dialektlandschaften Mecklenburg, Pommern, Brandenburg. Als Rest der ehemals slawischen Besiedlung brachte man das Sorbische in die Niederlausitz und in Teile Ostpreußens, die nun mit dem Ostfälischen (das Gebiet zwischen Göttingen und Magdeburg, südlich Lüneburg und östlich Minden), dem Westfälischen (das Gebiet zwischen Bentheim und Minden, westlich Göttingen und nördlich Olpe) und dem Nordniederdeutschen (Schleswig-Holstein, Hamburg Bremen und nördlich Oldenburg und Papenburg) ein großes Dialektgebiet bilden. Zu dem vor 1945 noch Teile Pommerns und Ostpreußens gehörten. Das Friesische auf den Nordseeinseln ist mit dem Niederdeutschen zwar verwandt, gehört aber seit dem frühen Mittelalter zur eigenständigen friesischen Sprachgruppe.

Niederdeutsch war über längere Zeit eine Schrift- und Hochsprache für ein noch größeres Gebiet. Ausgangpunkt dafür war die damals zweitgrößte Stadt des deutschen Reiches: *Lubece aller steden schone.* Lübeck war Mittelpunkt der größten Wirtschaftsgemeinschaft im 14. und 15. Jahrhundert, die als *Hanse* nicht nur den Osten- und östlichen Nordseeraum dominierte, sondern auch ganz Nord- und große Teile Mitteldeutschlands. Der Wirtschaft folgten Recht, Politik und Literatur, so dass die *sassesche sprake* vor allem im Norden Europas als Umgangs- und Schriftsprache üblich wurde. Grundlage für diese Sprachexpansion war die ererbte Gemeinsamkeit des Niederdeutschen mit den anderen Sprachen der Region, dem Englischen, dem Friesischen und dem sich gerade formierenden Niederländisch. Man beachte den Ausfall des –n in vielen Wörtern: niederdeutsch *fief*, englisch *five*; niederdeutsch *Goos*, englisch *goose*, niederdeutsch *Süd*, englisch *south*, hochdeutsch eigentlich *Sunt* wie *Suntgau, Sonthofen.* Süden ist aus dem Niederdeutschen übernommen, vor allem aber die unverschobenen schon bekannten p, t, k, die die Nordgrenze des Sächsischen, Thüringischen, Hessischen und Rheinischen markieren.

Mit der Neuordnung des Handels nach Amerika und Indien, der Erstarkung des binnendeutschen Wirtschaftsraums und der Verselbständigung des skandinavischen und russischen Raums verlor die Hanse binnen kurzer Zeit ihre Wirkung als Wirtschafts- und Handelsverbund. Norddeutschland musste sich nach Süden orientieren, so dass die Handelshäuser, die städtische Rechtspflege und zum Teil hochdeutschen Dynastien Oldenburg, Mecklenburg und Brandenburg im 16. Jahrhundert zur hochdeutschen Schriftsprache übergingen. Für weite Bevölkerungskreise hatte die Reformation dieselbe Auswirkungen. Nach anfänglich niederdeutscher Sprachform übernahmen die Schulordnungen die hochdeutsche Schriftsprache, so dass die Schulkinder und mit Anweisung zur hochdeutschen Kanzleisprache, z. B. 1650 in Schleswig, auch die Erwachsenen mit der fremden Sprache bekannt gemacht wurden.

Die Eigenständigkeit des Niederdeutschen und die Erinnerung an seinen ehemaligen Rang kommt darin zu Tragen, dass es eine Art literarische Umgangssprache entwickelte und bis heute bewahrt hat. Geprägt wurde dies vor allem durch die Sprache in den vielgelesenen Romanen von Fritz Reuter, *'Ut mine Stromtid'* (1862/64).

Die niederdeutschen Dialekte verzeichnen trotz ihrer gemeinsamen Wurzeln in der *sasseschen* Sprache auch eine unterschiedliche Entwicklung. West- und Ostniederdeutsch trennen sich am deutlichsten im niederdeutschen Einheitsplural. Im Westen sagt man: wi, gi, se mak(e)t, im Osten dagegen wi, gi. se maken.

Innerhalb des Westniederdeutschen ist *das Westfälische* ein ausgeprägt eigenständiges Dialektgebiet, das sich einerseits vom Nordniederdeutschen mit der sk oder s-ch Aussprache , Stücks-cken (Stückchen), Disk (Tisch), S-chapp (Schrank), sal und döt statt nordniederdeutsch schal und deit (soll und tut), aber auch im Wortbereich, z. B. *küren* statt *snacken* (reden), selteneres *Saterdag* statt *Sonnabend* (Samstag) abgrenzt und andererseits, gemeinsam mit dem Nordniederdeutschen, vor allem mit *mi, di, u(n)s, ju* (mir/mich, dir/dich, uns, euch vom Ostwestfälischen. Das Ostwestfälische bildet den pronominalen Einheitskasus aus dem Akkusativ: *mik, dik, ü(n)sch, jük* bzw.

auch *deck* und *meck. So sagt der Bauer am Schluss von „Max und Moritz: „Wat geit meck dat an?"* (Was geht mich das an?).

Im *Ostniederdeutschen* hebt sich das Mecklenburgisch‑Vorpommersche mit der Aussprache von *mir* (mehr), *Ur* (Ohr), *hürn* (hören) von den anderen Dialekten ab. Auffällig ist die Andeutung des –g in *schrigen* (schreien) oder *bugen* (bauen). Das bekannteste Merkmal ist: die –ing Verkleinerung in *Mudding, Vadding* usw. Südlich schließt sich das Brandenburgische an, das mit seinem auffälligsten Kennzeichen, *det* statt *dat* im sonstigen Niederdeutsch, anzeigt, dass Berlin Auswirkungen zeigt. Denn mit Berlin ragt ein starker Keil des Hochdeutschen in dieses Gebiet herein. Trotz *icke, det* und *wat* ist *das Berlinische* anders als sein Umland: Hier gilt machen , Zeit, Wasser, Fund, Apfel usw. satt der niederdeutschen, unverschobenen Formen. Zusammen mit dem Berlinischen hat das Ostniederdeutsche seine eigene Ausdruckswelt: *Destille* (Kneipe*), mannich* (nicht wahr), *Rinnstein* (Bordstein).

## 2.4 Höhepunkte der deutschen Literatur

*„Die Höhepunkte der deutschen Literatur, beispielsweise dat leckere Dierken Ännchen von Tharau und der Faust, erschienen Ruhrdeutsch in einem völlig neuen, endlich richtigem Licht".* (WAZ)

Diese begrenzte und sorgfältig erwogenen Auswahl will versuchen epochale Werke der deutschen Literatur in markanter Kürze in die Sprache des Ruhrgebietes zu übertragen. Bewiesen ist hiermit die Literaturfähigkeit des Ruhrdeutschen.

**„Änneken von Tharau"**

Änneken von Tharau, du lecker Dierken,

bis mich so wichtig wie an Abend en Bierken.

Änneken von Tharau, mich sausen de Sinne,

tu ich dich nich sehn, krich ich Koppinne.

Änneken von Tharau, du meine Knete,

de Griffel für dich wegtun ich täte.

**„Dat Lied vonne Nibelungen"**

In Burgund hamse ma so Dönekes gekrakelt auf son Schein,

vonnen Präsens seine Söhnekes und ihre Wämmserein,

von Muckimänner-Schoteb, von Tuttis und von Brocken,

**krichter jez wat geboten, da seiter vonne Socken.**

De Kriemhild, ja dat waa en Zahn mit echte staake Quanten,

wenn Tüppen se gepillert ham, glatt voren Schrank se rannten.

Mit Kriemhild ihre Macker, den Siegfried und den Etzel, son paar Korintenkacker tun machen en Gemetzel.[7]

Im Ruhrgebiet gibt es nur zwei Fälle, den Wer-Fall und den Wen-Fall. Den in der Hochsprache gebräuchlichen Wessen-Fall, der den Besitz oder einen direkten Bezug zu einer Sache oder Person anzeigt und den Wem-Fall, der die Richtung einer Handlung angibt, kann die Ruhrgebietssprache durch den Wen-Fall problemlos ersetzen, ohne dass es zu Verständigungsschwierigkeiten kommt. *Der Hut da is mein Vadder seinen*, (Das ist der Hut meines Vaters.). *Gib mich sofort meine Kohle*, ( Gebe mir sofort mein Geld.).

## 2.5 Zusammenfassung

*So wie viele alte Ausdrücke absterben und heute nur noch in der Sprache der älteren Generation vorkommen, so treten immer neue in den Dialekt ein und sind heute vielfach erst dem jüngeren Nachwuchs geläufig. Die Gründe dafür liegen im schnellen Aufschwung der Medien in den letzten Jahrzehnten, in der Entwicklung des Schulwesens, in der Nutzung des Internets und der ständig zunehmenden Einflüsse unserer neuhochdeutschen Schriftsprache auf die Dialekte. Aus diesem Grund ist der Gebrauch und der Geltungsbereich der Wörter menschlichen individuellen Schwankungen unterworfen. Außerdem ist der Dialekt nicht durch Regeln und Normen organisiert wie die Schriftsprache und unterlieg deshalb schneller neuen Einflüssen.*

---

[7] Lexikon der Ruhrgebietssprache, von Aalskuhle bis Zymtzicke, (Hrsg.)Werner Boschmann, 2. Auflage, Essen 1995

# Literaturverzeichnis

Dtv-Atlas, Deutsche Sprache, 10. überarbeitete Auflage 1994

Chronologisches Wörterbuch des deutschen Wortschatzes, (Hrsg.) von Elmar Seebold, 2001

Duden, Das große Wörterbuch der deutschen Sprache, Band 10, 3. Auflage, 1999

Geschichte der deutschen Sprache, (Hrsg.) von Wilhelm Schmidt, 8. Auflage, 2000

Geschichte der deutschen Sprache, (Hrsg.) von Polenz, 9. Auflage, 1978

Hochdeutsch-plattdeutsches Wörterbuch, Band1, 1962

Kleines hessisches Wörterbuch,(Hrsg.) von Hans Friebertshäuser, 1990

Kleines plattdeutsches Wörterbuch, (Hrg.) Renate Herrmann-Winter, 1990

Lexikon der Ruhrgebietssprache, von Aalskuhle bis Zymtzicke,

(Hrsg.) Werner Boschmann, 2. Auflage, 1995


Internet:

http://www.kontrastivlinguistk.de

http://www.sprache.de